TRANZLATY

La Langue est pour tout le Monde

השפה מיועדת לכולם

La Belle et la Bête

היפה והחיה

Gabrielle-Suzanne Barbot de Villeneuve

Français / עברית

Copyright © 2025 Tranzlaty
All rights reserved
Published by Tranzlaty
ISBN: 978-1-80572-045-4
Original text by Gabrielle-Suzanne Barbot de Villeneuve
La Belle et la Bête
First published in French in 1740
Taken from The Blue Fairy Book (Andrew Lang)
Illustration by Walter Crane
www.tranzlaty.com

Il était une fois un riche marchand
פעם היה סוחר עשיר

ce riche marchand avait six enfants
לסוחר העשיר הזה היו שישה ילדים

il avait trois fils et trois filles
היו לו שלושה בנים ושלוש בנות

il n'a épargné aucun coût pour leur éducation
הוא לא חסך בעלות עבור החינוך שלהם

parce qu'il était un homme sensé
כי הוא היה אדם בעל הגיון

mais il a donné à ses enfants de nombreux serviteurs
אבל הוא נתן לילדיו משרתים רבים

ses filles étaient extrêmement jolies
הבנות שלו היו יפות במיוחד

et sa plus jeune fille était particulièrement jolie
ובתו הצעירה הייתה יפה במיוחד

Déjà enfant, sa beauté était admirée
בילדותה היופי שלה כבר זכה להערצה

et les gens l'appelaient à cause de sa beauté
ויקרא לה העם ביופיה

sa beauté ne s'est pas estompée avec l'âge
יופיה לא דעך ככל שהתבגרה

alors les gens ont continué à l'appeler par sa beauté
אז האנשים המשיכו לקרוא לה לפי יופיה

cela a rendu ses sœurs très jalouses
זה גרם לאחיותיה לקנא מאוד

les deux filles aînées avaient beaucoup de fierté
לשתי הבנות הגדולות הייתה מידה רבה של גאווה

leur richesse était la source de leur fierté
עושרם היה מקור הגאווה שלהם

et ils n'ont pas caché leur fierté non plus
והם גם לא הסתירו את גאוותם

ils n'ont pas rendu visite aux filles d'autres marchands
הם לא ביקרו את בנותיהם של סוחרים אחרים

parce qu'ils ne rencontrent que l'aristocratie
כי הם נפגשים רק עם אריסטוקרטיה

ils sortaient tous les jours pour faire la fête
הם יצאו כל יום למסיבות

bals, pièces de théâtre, concerts, etc.

נשפים, הצגות, קונצרטים וכדומה
et ils se moquèrent de leur plus jeune sœur
והם צחקו על אחותם הצעירה
parce qu'elle passait la plupart de son temps à lire
כי היא בילתה את רוב זמנה בקריאה
il était bien connu qu'ils étaient riches
זה היה ידוע שהם עשירים
alors plusieurs marchands éminents ont demandé leur main
אז כמה סוחרים בולטים ביקשו את ידם
mais ils ont dit qu'ils n'allaient pas se marier
אבל הם אמרו שהם לא הולכים להתחתן
mais ils étaient prêts à faire quelques exceptions
אבל הם היו מוכנים לעשות כמה חריגים
« Peut-être que je pourrais épouser un duc »
"אולי אוכל להתחתן עם דוכס"
« Je suppose que je pourrais épouser un comte »
"אני מניח שאוכל להתחתן עם רוזן"
Belle a remercié très civilement ceux qui lui ont proposé
יופי הודתה באדיבות רבה לאלה שהציעו לה נישואים
elle leur a dit qu'elle était encore trop jeune pour se marier
היא אמרה להם שהיא עדיין צעירה מכדי להתחתן
elle voulait rester quelques années de plus avec son père
היא רצתה להישאר עוד כמה שנים עם אביה
Tout d'un coup, le marchand a perdu sa fortune
בבת אחת איבד הסוחר את הונו
il a tout perdu sauf une petite maison de campagne
הוא איבד הכל מלבד בית כפרי קטן
et il dit à ses enfants, les larmes aux yeux :
ויאמר לילדיו בעיניים דמעות :
« il faut aller à la campagne »
"אנחנו חייבים ללכת לכפר"
« et nous devons travailler pour gagner notre vie »
"ועלינו לעבוד למחייתנו"
les deux filles aînées ne voulaient pas quitter la ville
שתי הבנות הגדולות לא רצו לעזוב את העיר
ils avaient plusieurs amants dans la ville
היו להם כמה אוהבים בעיר

et ils étaient sûrs que l'un de leurs amants les épouserait
והם היו בטוחים שאחד ממאהביהם יתחתן איתם
ils pensaient que leurs amants les épouseraient même sans fortune
הם חשבו שהמאהבים שלהם יתחתנו איתם גם בלי הון
mais les bonnes dames se sont trompées
אבל הגברות הטובות טעו
leurs amants les ont abandonnés très vite
האוהבים שלהם נטשו אותם מהר מאוד
parce qu'ils n'avaient plus de fortune
כי לא היה להם יותר הון
cela a montré qu'ils n'étaient pas vraiment appréciés
זה הראה שהם לא ממש אהבו
tout le monde a dit qu'ils ne méritaient pas d'être plaints
כולם אמרו שלא מגיע להם שירחמו עליהם
« Nous sommes heureux de voir leur fierté humiliée »
"אנחנו שמחים לראות את גאוותם מושפלת"
« Qu'ils soient fiers de traire les vaches »
"תנו להם להיות גאים בחליבת פרות"
mais ils étaient préoccupés par Belle
אבל הם דאגו ליופי
elle était une créature si douce
היא הייתה יצור כל כך מתוק
elle parlait si gentiment aux pauvres
היא דיברה כל כך בחביבות לאנשים עניים
et elle était d'une nature si innocente
והיא הייתה בעלת אופי תמים כל כך
Plusieurs messieurs l'auraient épousée
כמה ג'נטלמנים היו מתחתנים איתה
ils l'auraient épousée même si elle était pauvre
הם היו מתחתנים איתה למרות שהיא הייתה ענייה
mais elle leur a dit qu'elle ne pouvait pas les épouser
אבל היא אמרה להם שהיא לא יכולה להתחתן איתם
parce qu'elle ne voulait pas quitter son père
כי היא לא תעזוב את אביה
elle était déterminée à l'accompagner à la campagne
היא הייתה נחושה ללכת איתו לכפר
afin qu'elle puisse le réconforter et l'aider

כדי שתוכל לנחם ולעזור לו

pauvre Belle était très affligée au début

היופי המסכן היה צער מאוד בהתחלה

elle était attristée par la perte de sa fortune

היא התאבלה על אובדן הונה

"Mais pleurer ne changera pas mon destin"

"אבל בכי לא ישנה את מזלי "

« Je dois essayer de me rendre heureux sans richesse »

"אני חייב לנסות לשמח את עצמי בלי עושר "

ils sont venus dans leur maison de campagne

הם הגיעו לביתם הכפרי

et le marchand et ses trois fils s'appliquèrent à l'agriculture

והסוחר ושלושת בניו התעסקו בבעלות

Belle s'est levée à quatre heures du matin

היופי עלה בארבע לפנות בוקר

et elle s'est dépêchée de nettoyer la maison

והיא מיהרה לנקות את הבית

et elle s'est assurée que le dîner était prêt

והיא דאגה שארוחת הערב תהיה מוכנה

au début, elle a trouvé sa nouvelle vie très difficile

בהתחלה היא מצאה את חייה החדשים קשים מאוד

parce qu'elle n'était pas habituée à un tel travail

כי היא לא הייתה רגילה לעבודה כזו

mais en moins de deux mois elle est devenue plus forte

אבל תוך פחות מחודשיים היא התחזקה

et elle était en meilleure santé que jamais auparavant

והיא הייתה בריאה יותר מאי פעם

après avoir fait son travail, elle a lu

אחרי שסיימה את עבודתה היא קראה

elle jouait du clavecin

היא ניגנה בצ'מבלו

ou elle chantait en filant de la soie

או שהיא שרה בזמן שהיא סובבה משי

au contraire, ses deux sœurs ne savaient pas comment passer leur temps

להיפך ,שתי אחיותיה לא ידעו איך לבלות את זמנן

ils se sont levés à dix heures et n'ont rien fait d'autre que

paresser toute la journée
הם קמו בעשר ולא עשו דבר מלבד להתעצל כל היום
ils ont déploré la perte de leurs beaux vêtements
הם קוננו על אובדן בגדיהם המשובחים
et ils se sont plaints d'avoir perdu leurs connaissances
והם התלוננו על איבוד מכריהם
« Regardez notre plus jeune sœur », se dirent-ils.
"תסתכל על אחותנו הצעירה ",הם אמרו זה לזה
"Quelle pauvre et stupide créature elle est"
" איזה יצור מסכן וטיפש היא "
"C'est mesquin de se contenter de si peu"
"זה כואב להסתפק בכל כך מעט "
le gentil marchand était d'un avis tout à fait différent
הסוחר החביב היה בדעה אחרת לגמרי
il savait très bien que Belle éclipsait ses sœurs
הוא ידע היטב שהיופי עלה על אחיותיה
elle les a surpassés en caractère ainsi qu'en esprit
היא עלתה עליהם באופי וגם בנפש
il admirait son humilité et son travail acharné
הוא העריץ את הענווה שלה ואת עבודתה הקשה
mais il admirait surtout sa patience
אבל יותר מכל הוא העריץ את סבלנותה
ses sœurs lui ont laissé tout le travail à faire
אחיותיה השאירו לה את כל העבודה לעשות
et ils l'insultaient à chaque instant
והם העליבו אותה בכל רגע
La famille vivait ainsi depuis environ un an.
המשפחה חיה כך במשך כשנה
puis le commerçant a reçu une lettre d'un comptable
ואז הסוחר קיבל מכתב מרואה חשבון
il avait un investissement dans un navire
הייתה לו השקעה בספינה
et le navire était arrivé sain et sauf
והספינה הגיעה בשלום
Cette nouvelle a fait tourner les têtes des deux filles aînées
החדשות שלו הפכו את ראשן של שתי הבנות הגדולות
ils ont immédiatement eu l'espoir de revenir en ville
מיד היו להם תקוות לחזור לעיר

parce qu'ils étaient assez fatigués de la vie à la campagne
כי הם היו די עייפים מחיי הכפר
ils sont allés vers leur père alors qu'il partait
הם הלכו אל אביהם כשהוא עזב
ils l'ont supplié de leur acheter de nouveaux vêtements
הם הפצירו בו שיקנה להם בגדים חדשים
des robes, des rubans et toutes sortes de petites choses
שמלות, סרטים וכל מיני דברים קטנים
mais Belle n'a rien demandé
אבל היופי לא ביקש כלום
parce qu'elle pensait que l'argent ne serait pas suffisant
כי היא חשבה שהכסף לא יספיק
il n'y aurait pas assez pour acheter tout ce que ses sœurs voulaient
לא יספיק לקנות את כל מה שאחיותיה רצו
"Que veux-tu, ma belle ?" demanda son père
"מה היית רוצה, יופי?" שאל אביה
« Merci, père, pour la bonté de penser à moi », dit-elle
"תודה לך, אבא, על הטוב לחשוב עלי," היא אמרה
« Père, ayez la gentillesse de m'apporter une rose »
" אבא, היה כל כך נחמד להביא לי ורד "
"parce qu'aucune rose ne pousse ici dans le jardin"
" כי לא צומחים כאן ורדים בגינה "
"et les roses sont une sorte de rareté"
" וורדים הם סוג של נדירות "
Belle ne se souciait pas vraiment des roses
ליופי לא ממש אכפת מוורדים
elle a juste demandé quelque chose pour ne pas condamner ses sœurs
היא רק ביקשה משהו כדי לא לגנות את אחיותיה
mais ses sœurs pensaient qu'elle avait demandé des roses pour d'autres raisons
אבל אחיותיה חשבו שהיא ביקשה ורדים מסיבות אחרות
"Elle l'a fait juste pour avoir l'air particulière"
" היא עשתה את זה רק כדי להיראות ספציפית "
L'homme gentil est parti en voyage

האיש החביב יצא למסעו

mais quand il est arrivé, ils se sont disputés à propos de la marchandise

אבל כשהוא הגיע הם התווכחו על הסחורה

et après beaucoup d'ennuis, il est revenu aussi pauvre qu'avant

ואחרי הרבה צרות חזר עני כמו קודם

il était à quelques heures de sa propre maison

הוא היה בתוך כמה שעות מהבית שלו

et il imaginait déjà la joie de revoir ses enfants

והוא כבר דמיין את השמחה לראות את ילדיו

mais en traversant la forêt, il s'est perdu

אבל כשעבר ביער הוא הלך לאיבוד

il a plu et neigé terriblement

ירד גשם וירד שלג נורא

le vent était si fort qu'il l'a fait tomber de son cheval

הרוח הייתה כל כך חזקה שהפילה אותו מסוסו

et la nuit arrivait rapidement

והלילה הגיע במהירות

il a commencé à penser qu'il pourrait mourir de faim

הוא התחיל לחשוב שהוא עלול לגווע ברעב

et il pensait qu'il pourrait mourir de froid

והוא חשב שהוא עלול לקפוא למוות

et il pensait que les loups pourraient le manger

והוא חשב שזאבים יכולים לאכול אותו

les loups qu'il entendait hurler tout autour de lui

הזאבים ששמע מייללים סביבו

mais tout à coup il a vu une lumière

אבל פתאום הוא ראה אור

il a vu la lumière au loin à travers les arbres

הוא ראה את האור מרחוק מבעד לעצים

quand il s'est approché, il a vu que la lumière était un palais

כשהתקרב הוא ראה שהאור הוא ארמון

le palais était illuminé de haut en bas

הארמון היה מואר מלמעלה למטה

le marchand a remercié Dieu pour sa chance

הסוחר הודה לאלוהים על מזלו

et il se précipita vers le palais

והוא מיהר אל הארמון

mais il fut surpris de ne voir personne dans le palais

אבל הוא הופתע שלא ראה אנשים בארמון

la cour était complètement vide

חצר בית המשפט הייתה ריקה לגמרי

et il n'y avait aucun signe de vie nulle part

ולא היה סימן חיים בשום מקום

son cheval le suivit dans le palais

הסוס שלו הלך אחריו לתוך הארמון

et puis son cheval a trouvé une grande écurie

ואז הסוס שלו מצא אורווה גדולה

le pauvre animal était presque affamé

החיה המסכנה הייתה כמעט רעב

alors son cheval est allé chercher du foin et de l'avoine

אז הסוס שלו נכנס למצוא חציר ושיבולת שועל

Heureusement, il a trouvé beaucoup à manger

למרבה המזל הוא מצא הרבה מה לאכול

et le marchand attacha son cheval à la mangeoire

והסוחר קשר את סוסו לאבוס

En marchant vers la maison, il n'a vu personne

כשהלך לעבר הבית לא ראה איש

mais dans une grande salle il trouva un bon feu

אבל באולם גדול מצא אש טובה

et il a trouvé une table dressée pour une personne

ומצא שולחן ערוך לאחד

il était mouillé par la pluie et la neige

הוא היה רטוב מהגשם והשלג

alors il s'est approché du feu pour se sécher

אז הוא התקרב למדורה להתייבש

« J'espère que le maître de maison m'excusera »

"אני מקווה שאדון הבית יסלח לי"

« Je suppose qu'il ne faudra pas longtemps pour que quelqu'un apparaisse »

"אני מניח שלא ייקח הרבה זמן עד שמישהו יופיע"

Il a attendu un temps considérable

הוא חיכה זמן לא מבוטל

il a attendu jusqu'à ce que onze heures sonnent, et toujours personne n'est venu

הוא חיכה עד שהכה אחת עשרה, ועדיין איש לא הגיע

enfin, il avait tellement faim qu'il ne pouvait plus attendre
לבסוף הוא היה כל כך רעב שלא יכול היה לחכות יותר
il a pris du poulet et l'a mangé en deux bouchées
הוא לקח קצת עוף ואכל אותו בשתי פיות
il tremblait en mangeant la nourriture
הוא רעד בזמן שאכל את האוכל
après cela, il a bu quelques verres de vin
אחרי זה שתה כמה כוסות יין
devenant plus courageux, il sortit du hall
הוא הפך לאמיץ יותר והוא יצא מהאולם
et il traversa plusieurs grandes salles
והוא חצה כמה אולמות מפוארים
il a traversé le palais jusqu'à ce qu'il arrive dans une chambre
הוא הלך דרך הארמון עד שנכנס לחדר
une chambre qui contenait un très bon lit
חדר שהיה בו מיטה טובה מאוד
il était très fatigué par son épreuve
הוא היה עייף מאוד מהניסיון שלו
et il était déjà minuit passé
והשעה כבר עברה אחרי חצות
alors il a décidé qu'il était préférable de fermer la porte
אז הוא החליט שעדיף לסגור את הדלת
et il a conclu qu'il devrait aller se coucher
והוא הסיק שעליו ללכת לישון
Il était dix heures du matin lorsque le marchand s'est réveillé
השעה הייתה עשר בבוקר כשהתעורר הסוחר
au moment où il allait se lever, il vit quelque chose
בדיוק כשהוא עמד לקום הוא ראה משהו
il a été étonné de voir un ensemble de vêtements propres
הוא נדהם לראות סט בגדים נקי
à l'endroit où il avait laissé ses vêtements sales
במקום שבו השאיר את בגדיו המלוכלכים
"ce palais appartient certainement à une sorte de fée"
"אין ספק שהארמון הזה שייך לאיזו פיה "
" une fée qui m'a vu et qui a eu pitié de moi"
"פיה שראתה וריחמה עלי "

il a regardé à travers une fenêtre

הוא הביט דרך חלון

mais au lieu de neige, il vit le jardin le plus charmant

אבל במקום שלג הוא ראה את הגן המענג ביותר

et dans le jardin il y avait les plus belles roses

ובגן היו הוורדים היפים ביותר

il est ensuite retourné dans la grande salle

לאחר מכן חזר לאולם הגדול

la salle où il avait mangé de la soupe la veille

האולם שבו אכל מרק בלילה הקודם

et il a trouvé du chocolat sur une petite table

והוא מצא קצת שוקולד על שולחן קטן

« Merci, bonne Madame la Fée », dit-il à voix haute.

"תודה, גברתי פיה הטובה", הוא אמר בקול

"Merci d'être si attentionné"

"תודה שאתה כל כך אכפתי "

« Je vous suis extrêmement reconnaissant pour toutes vos faveurs »

"אני מאוד מחויב לך על כל טובותיך "

l'homme gentil a bu son chocolat

האיש החביב שתה את השוקולד שלו

et puis il est allé chercher son cheval

ואז הוא הלך לחפש את הסוס שלו

mais dans le jardin il se souvint de la demande de Belle

אבל בגן הוא נזכר בבקשת היופי

et il coupa une branche de roses

והוא כרת ענף של שושנים

immédiatement il entendit un grand bruit

מיד שמע רעש גדול

et il vit une bête terriblement effrayante

והוא ראה חיה נוראית

il était tellement effrayé qu'il était sur le point de s'évanouir

הוא כל כך פחד שהוא היה מוכן להתעלף

« Tu es bien ingrat », lui dit la bête.

"אתה כפוי טובה מאוד", אמרה לו החיה

et la bête parla d'une voix terrible

והחיה דברה בקול נורא

« Je t'ai sauvé la vie en te laissant entrer dans mon château »
"הצלתי את חייך בכך שהרשיתי לך להיכנס לטירה שלי "
"et pour ça tu me voles mes roses en retour ?"
"ובשביל זה אתה גונב את הוורדים שלי בתמורה ?"
« Les roses que j'apprécie plus que tout »
"הוורדים שאני מעריך מעבר לכל דבר "
"mais tu mourras pour ce que tu as fait"
"אבל אתה תמות על מה שעשית "
« Je ne vous donne qu'un quart d'heure pour vous préparer »
"אני נותן לך רק רבע שעה להכין את עצמך "
« Préparez-vous à la mort et dites vos prières »
"תתכונן למוות ותגיד את תפילותיך "
le marchand tomba à genoux
הסוחר נפל על ברכיו
et il leva ses deux mains
והוא הרים את שתי ידיו
« Monseigneur, je vous supplie de me pardonner »
"אדוני, אני מתחנן שתסלח לי "
« Je n'avais aucune intention de t'offenser »
"לא הייתה לי כוונה להעליב אותך "
« J'ai cueilli une rose pour une de mes filles »
"אספתי ורד לאחת מבנותיי "
"elle m'a demandé de lui apporter une rose"
"היא ביקשה ממני להביא לה ורד "
« Je ne suis pas ton seigneur, mais je suis une bête »,
répondit le monstre
"אני לא אדונך, אבל אני בהמה," ענתה המפלצת
« Je n'aime pas les compliments »
"אני לא אוהב מחמאות "
« J'aime les gens qui parlent comme ils pensent »
"אני אוהב אנשים שמדברים כמו שהם חושבים "
« N'imaginez pas que je puisse être ému par la flatterie »
"אל תדמיין שאני יכול להתרגש מחנופה "
« Mais tu dis que tu as des filles »

"אבל אתה אומר שיש לך בנות"
"Je te pardonnerai à une condition"

"אסלח לך בתנאי אחד"
« L'une de vos filles doit venir volontairement à mon palais »

"אחת מבנותיך חייבת לבוא לארמון שלי ברצון"
"et elle doit souffrir pour toi"

"והיא חייבת לסבול בשבילך"
« Donne-moi ta parole »

"תן לי לומר את המילה שלך"
"et ensuite tu pourras vaquer à tes occupations"

"ואז אתה יכול להתעסק בעניינים שלך"
« Promets-moi ceci : »

"תבטיח לי את זה:"
"Si votre fille refuse de mourir pour vous, vous devez revenir dans les trois mois"

"אם בתך מסרבת למות עבורך, עליך לחזור תוך שלושה חודשים"
le marchand n'avait aucune intention de sacrifier ses filles

לסוחר לא היו כוונות להקריב את בנותיו
mais, comme on lui en donnait le temps, il voulait revoir ses filles une fois de plus

אבל, מכיוון שניתן לו זמן, הוא רצה לראות את בנותיו פעם נוספת
alors il a promis qu'il reviendrait

אז הוא הבטיח שיחזור
et la bête lui dit qu'il pouvait partir quand il le voudrait

ותאמר לו הבהמה שיצא לדרך כשירצה
et la bête lui dit encore une chose

והחיה אמרה לו עוד דבר אחד
« Tu ne partiras pas les mains vides »

"לא תצא בידיים ריקות"
« retourne dans la pièce où tu étais allongé »

"חזור לחדר שבו שכבת"
« vous verrez un grand coffre au trésor vide »

"אתה תראה תיבת אוצר ריקה גדולה"

« Remplissez le coffre aux trésors avec ce que vous préférez »

"מלא את תיבת האוצר במה שאתה הכי אוהב "

"et j'enverrai le coffre au trésor chez toi"

"ואני אשלח את תיבת האוצר לביתך "

et en même temps la bête s'est retirée

ובאותו זמן נסוגה החיה

« Eh bien, » se dit le bon homme

"טוב ",אמר האיש הטוב לעצמו

« Si je dois mourir, je laisserai au moins quelque chose à mes enfants »

"אם אצטרך למות ,לפחות אשאיר משהו לילדים שלי "

alors il retourna dans la chambre à coucher

אז הוא חזר לחדר המיטה

et il a trouvé une grande quantité de pièces d'or

והוא מצא הרבה מאוד חתיכות זהב

il a rempli le coffre au trésor que la bête avait mentionné

הוא מילא את תיבת האוצר שהחיה הזכירה

et il sortit son cheval de l'écurie

והוא הוציא את סוסו מהאורווה

la joie qu'il ressentait en entrant dans le palais était désormais égale à la douleur qu'il ressentait en le quittant

השמחה שחש כשנכנס לארמון הייתה שווה כעת לצער שחש ביציאה ממנו

le cheval a pris un des chemins de la forêt

הסוס לקח את אחת מדרכי היער

et quelques heures plus tard, le bon homme était à la maison

ותוך כמה שעות האיש הטוב היה בבית

ses enfants sont venus à lui

הילדים שלו באו אליו

mais au lieu de recevoir leurs étreintes avec plaisir, il les regardait

אבל במקום לקבל את חיבוקיהם בהנאה ,הוא הביט בהם

il brandit la branche qu'il tenait dans ses mains

הוא הרים את הענף שהיה בידיו

et puis il a fondu en larmes

ואז הוא פרץ בבכי

« Belle », dit-il, « s'il te plaît, prends ces roses »

"יופי ",הוא אמר" ,בבקשה קח את הוורדים האלה "

"Vous ne pouvez pas savoir à quel point ces roses ont été chères"

"אתה לא יכול לדעת כמה יקרו הוורדים האלה "

"Ces roses ont coûté la vie à ton père"

"הורדים האלה עלו לאביך בחייו "

et puis il raconta sa fatale aventure

ואז הוא סיפר על ההרפתקה הקטלנית שלו

immédiatement les deux sœurs aînées crièrent

מיד צעקו שתי האחיות הגדולות

et ils ont dit beaucoup de choses méchantes à leur belle sœur

והם אמרו הרבה דברים רעים לאחותם היפה

mais Belle n'a pas pleuré du tout

אבל היופי לא בכה בכלל

« Regardez l'orgueil de ce petit misérable », dirent-ils.

"תראה את הגאווה של העלוב הקטן הזה ",אמרו

"elle n'a pas demandé de beaux vêtements"

"היא לא ביקשה בגדים משובחים "

"Elle aurait dû faire ce que nous avons fait"

"היא הייתה צריכה לעשות מה שעשינו "

"elle voulait se distinguer"

"היא רצתה להבדיל את עצמה "

"alors maintenant elle sera la mort de notre père"

"אז עכשיו היא תהיה מות אבינו "

"et pourtant elle ne verse pas une larme"

"ואף על פי כן היא לא מזילה דמעה "

"Pourquoi devrais-je pleurer ?" répondit Belle

"למה לי לבכות "?ענה יופי

« pleurer serait très inutile »

"לבכות יהיה מיותר מאוד "

« Mon père ne souffrira pas pour moi »

"אבא שלי לא יסבול בשבילי "

"le monstre acceptera une de ses filles"

"המפלצת תקבל את אחת מבנותיו"
« Je m'offrirai à toute sa fureur »

"אקריב את עצמי לכל חמתו"
« Je suis très heureux, car ma mort sauvera la vie de mon père »

"אני שמח מאוד, כי מותי יציל את חייו של אבי"
"ma mort sera une preuve de mon amour"

"מותי יהיה הוכחה לאהבתי"
« Non, ma sœur », dirent ses trois frères

"לא, אחות," אמרו שלושת אחיה
"cela ne sera pas"

"זה לא יהיה"
"nous allons chercher le monstre"

"נלך למצוא את המפלצת"
"et soit on le tue..."

"ואו שנהרוג אותו..."
« ... ou nous périrons dans cette tentative »

"או שנאבד בניסיון..."
« N'imaginez rien de tel, mes fils », dit le marchand.

"אל תדמיינו דבר כזה, בני," אמר הסוחר
"La puissance de la bête est si grande que je n'ai aucun espoir que tu puisses la vaincre"

"כוחה של החיה כל כך גדול שאין לי תקווה שתוכל להתגבר עליו"
« Je suis charmé par l'offre aimable et généreuse de Belle »

"אני מוקסם מההצעה האדיבה והנדיבה של היופי"
"mais je ne peux pas accepter sa générosité"

"אבל אני לא יכול לקבל את הנדיבות שלה"
« Je suis vieux et je n'ai plus beaucoup de temps à vivre »

"אני זקן, ואין לי הרבה זמן לחיות"
"Je ne peux donc perdre que quelques années"

"אז אני יכול להפסיד רק כמה שנים"
"un temps que je regrette pour vous, mes chers enfants"

"זמן שאני מתחרט בשבילכם, ילדים יקרים שלי"

« Mais père », dit Belle

"אבל אבא ",אמרה יופי

"tu n'iras pas au palais sans moi"

"לא תלך לארמון בלעדיי"

"tu ne peux pas m'empêcher de te suivre"

"אתה לא יכול למנוע ממני לעקוב אחריך"

rien ne pourrait convaincre Belle autrement

שום דבר לא יכול לשכנע את היופי אחרת

elle a insisté pour aller au beau palais

היא התעקשה ללכת לארמון המשובח

et ses sœurs étaient ravies de son insistance

ואחיותיה שמחו על התעקשותה

Le marchand était inquiet à l'idée de perdre sa fille

הסוחר היה מודאג מהמחשבה לאבד את בתו

il était tellement inquiet qu'il avait oublié le coffre rempli d'or

הוא היה כל כך מודאג ששכח מהחזה המלא בזהב

la nuit, il se retirait pour se reposer et fermait la porte de sa chambre

בלילה פרש למנוחה ,וסגר את דלת חדרו

puis, à sa grande surprise, il trouva le trésor à côté de son lit

ואז ,לתדהמתו הגדולה ,הוא מצא את האוצר ליד מיטתו

il était déterminé à ne rien dire à ses enfants

הוא היה נחוש לא לספר לילדיו

s'ils savaient, ils auraient voulu retourner en ville

אילו ידעו ,הם היו רוצים לחזור לעיר

et il était résolu à ne pas quitter la campagne

והוא נחוש בדעתו לא לעזוב את הכפר

mais il confia le secret à Belle

אבל הוא בטח ביופי עם הסוד

elle l'informa que deux messieurs étaient venus

היא הודיעה לו שבאו שני אדונים

et ils ont fait des propositions à ses sœurs

והציעו הצעות לאחיותיה

elle a supplié son père de consentir à leur mariage

היא התחננה בפני אביה שיסכים לנישואיהם

et elle lui a demandé de leur donner une partie de sa fortune

והיא ביקשה ממנו לתת להם מהונו
elle leur avait déjà pardonné
היא כבר סלחה להם
les méchantes créatures se frottaient les yeux avec des oignons
היצורים הרשעים שפכו את עיניהם בבצל
pour forcer quelques larmes quand ils se sont séparés de leur sœur
לאלץ כמה דמעות כשהם נפרדו מאחותם
mais ses frères étaient vraiment inquiets
אבל האחים שלה באמת היו מודאגים
Belle était la seule à ne pas verser de larmes
היופי היה היחיד שלא הזיל דמעות
elle ne voulait pas augmenter leur malaise
היא לא רצתה להגביר את אי הנוחות שלהם
le cheval a pris la route directe vers le palais
הסוס לקח את הדרך הישירה אל הארמון
et vers le soir ils virent le palais illuminé
ולקראת ערב ראו את הארמון המואר
le cheval est rentré à l'écurie
הסוס לקח את עצמו שוב לאורווה
et le bon homme et sa fille entrèrent dans la grande salle
והאיש הטוב ובתו נכנסו לאולם הגדול
ici ils ont trouvé une table magnifiquement dressée
כאן הם מצאו שולחן מוגש להפליא
le marchand n'avait pas d'appétit pour manger
לסוחר לא היה תיאבון לאכול
mais Belle s'efforçait de paraître joyeuse
אבל היופי השתדל להיראות עליז
elle s'est assise à table et a aidé son père
היא התיישבה ליד השולחן ועזרה לאביה
mais elle pensait aussi :
אבל היא גם חשבה לעצמה :
"La bête veut sûrement m'engraisser avant de me manger"
"בהמה בוודאי רוצה להשמין אותי לפני שהיא אוכלת אותי "
"c'est pourquoi il offre autant de divertissement"
"בגלל זה הוא מספק בידור בשפע "
après avoir mangé, ils entendirent un grand bruit

לאחר שאכלו שמעו רעש גדול
et le marchand fit ses adieux à son malheureux enfant, les larmes aux yeux

והסוחר נפרד מילדו האומלל, עם דמעות בעיניו
parce qu'il savait que la bête allait venir

כי הוא ידע שהחיה באה
Belle était terrifiée par sa forme horrible

היופי היה מבועת מצורתו הנוראה
mais elle a pris courage du mieux qu'elle a pu

אבל היא אזרה אומץ ככל יכולתה
et le monstre lui a demandé si elle était venue volontairement

והמפלצת שאלה אותה אם היא באה ברצון
"Oui, je suis venue volontiers", dit-elle en tremblant

"כן, באתי מרצון", היא אמרה רועדת
la bête répondit : « Tu es très bon »

החיה הגיבה, "אתה טוב מאוד."
"et je vous suis très reconnaissant, honnête homme"

"ואני מאוד מחויב לך, איש ישר"
« Allez-y demain matin »

"לך בדרכך מחר בבוקר"
"mais ne pense plus jamais à revenir ici"

"אבל לעולם אל תחשוב לבוא לכאן שוב"
« Adieu Belle, adieu bête », répondit-il

"פרידה יופי, חיית פרידה," הוא ענה
et immédiatement le monstre s'est retiré

ומיד נסוגה המפלצת
« Oh, ma fille », dit le marchand

"הו, בת," אמר הסוחר
et il embrassa sa fille une fois de plus

והוא חיבק את בתו פעם נוספת
« Je suis presque mort de peur »

"אני כמעט מפחד פחד מוות"
"crois-moi, tu ferais mieux de rentrer"

"תאמין לי, עדיף שתחזור"

"Laisse-moi rester ici, à ta place"

"תן לי להישאר כאן, במקומך"

« Non, père », dit Belle d'un ton résolu.

"לא, אבא," אמר יופי, בנימה נחרצת

"tu partiras demain matin"

"אתה תצא לדרך מחר בבוקר"

« Laissez-moi aux soins et à la protection de la Providence »

"תשאיר אותי לטיפול והגנת ההשגחה"

néanmoins ils sont allés se coucher

בכל זאת הם הלכו לישון

ils pensaient qu'ils ne fermeraient pas les yeux de la nuit

הם חשבו שהם לא יעצמו את עיניהם כל הלילה

mais juste au moment où ils se couchaient, ils s'endormirent

אבל בדיוק כשהם שכבו הם ישנו

La belle rêva qu'une belle dame venait et lui disait :

יופי חלם גברת יפה באה ואמרה לה :

« Je suis content, Belle, de ta bonne volonté »

"אני מרוצה, יופי, עם הרצון הטוב שלך"

« Cette bonne action de votre part ne restera pas sans récompense »

"פעולה טובה זו שלך לא תעבור ללא תגמול"

Belle s'est réveillée et a raconté son rêve à son père

היופי התעוררה וסיפרה לאביה את חלומה

le rêve l'a aidé à se réconforter un peu

החלום עזר לנחם אותו מעט

mais il ne pouvait s'empêcher de pleurer amèrement en partant

אבל הוא לא יכול היה שלא לבכות במרירות כשהוא עוזב

Dès qu'il fut parti, Belle s'assit dans la grande salle et pleura aussi

ברגע שהלך, היופי התיישב באולם הגדול ובכה גם הוא

mais elle résolut de ne pas s'inquiéter

אבל היא החליטה לא להיות לא רגועה

elle a décidé d'être forte pour le peu de temps qui lui restait à vivre

היא החליטה להיות חזקה במשך הזמן המועט שנותר לה לחיות

parce qu'elle croyait fermement que la bête la mangerait

כי היא האמינה בתוקף שהחיה תאכל אותה

Cependant, elle pensait qu'elle pourrait aussi bien explorer le palais

עם זאת, היא חשבה שהיא עשויה גם לחקור את הארמון

et elle voulait voir le beau château

והיא רצתה לראות את הטירה המשובחת

un château qu'elle ne pouvait s'empêcher d'admirer

טירה שלא יכלה שלא להתפעל ממנה

c'était un palais délicieusement agréable

זה היה ארמון נעים להפליא

et elle fut extrêmement surprise de voir une porte

והיא הופתעה מאוד כשראתה דלת

et sur la porte il était écrit que c'était sa chambre

ומעל הדלת היה כתוב שזה החדר שלה

elle a ouvert la porte à la hâte

היא פתחה את הדלת בחיפזון

et elle était tout à fait éblouie par la magnificence de la pièce

והיא די הייתה מסונוורת מהפאר של החדר

ce qui a principalement retenu son attention était une grande bibliothèque

מה שמשך בעיקר את תשומת ליבה היה ספרייה גדולה

un clavecin et plusieurs livres de musique

צ'מבלו וכמה ספרי נגינה

« Eh bien, » se dit-elle

"טוב," אמרה לעצמה

« Je vois que la bête ne laissera pas mon temps peser sur moi »

"אני רואה שהחיה לא תיתן לזמן שלי להיות כבד"

puis elle réfléchit à sa situation

ואז היא הרהרה לעצמה על מצבה

« Si je devais rester un jour, tout cela ne serait pas là »

"אם הייתי אמור להישאר יום כל זה לא היה כאן"

cette considération lui inspira un courage nouveau

שיקול זה נתן לה השראה באומץ רענן

et elle a pris un livre de sa nouvelle bibliothèque

והיא לקחה ספר מהספרייה החדשה שלה

et elle lut ces mots en lettres d'or :

והיא קראה את המילים האלה באותיות זהב :

« Accueillez Belle, bannissez la peur »

"ברוך הבא יופי, הרחיק את הפחד"

« Vous êtes reine et maîtresse ici »

"את המלכה והמאהבת כאן"

« Exprimez vos souhaits, exprimez votre volonté »

"אמר את משאלותיך, דבר את רצונך"

« L'obéissance rapide répond ici à vos souhaits »

"צייתנות מהירה עונה על משאלותיך כאן"

« Hélas, dit-elle avec un soupir

"אוי ואבוי", אמרה באנחה

« Ce que je souhaite par-dessus tout, c'est revoir mon pauvre père. »

"יותר מהכל אני רוצה לראות את אבי המסכן"
"et j'aimerais savoir ce qu'il fait"
"והייתי רוצה לדעת מה הוא עושה"

Dès qu'elle eut dit cela, elle remarqua le miroir

ברגע שאמרה את זה היא הבחינה במראה

à sa grande surprise, elle vit sa propre maison dans le miroir

לתדהמתה הגדולה ראתה את ביתה במראה

son père est arrivé émotionnellement épuisé

אביה הגיע מותש רגשית

ses sœurs sont allées à sa rencontre

אחיותיה הלכו לפגוש אותו

malgré leurs tentatives de paraître tristes, leur joie était visible

למרות ניסיונותיהם להיראות עצובים, שמחתם הייתה גלויה

un instant plus tard, tout a disparu

כעבור רגע הכל נעלם

et les appréhensions de Belle ont également disparu

וגם החששות של היופי נעלמו

car elle savait qu'elle pouvait faire confiance à la bête

כי היא ידעה שהיא יכולה לסמוך על החיה

À midi, elle trouva le dîner prêt

בצהריים היא מצאה ארוחת ערב מוכנה

elle s'est assise à la table
היא התיישבה בעצמה ליד השולחן
et elle a été divertie avec un concert de musique
והיא השתעשעה בקונצרט של מוזיקה
même si elle ne pouvait voir personne
למרות שהיא לא יכלה לראות אף אחד
le soir, elle s'est à nouveau assise pour dîner
בלילה היא התיישבה שוב לארוחת ערב
cette fois elle entendit le bruit que faisait la bête
הפעם היא שמעה את הרעש שהשמיעה החיה
et elle ne pouvait s'empêcher d'être terrifiée
והיא לא יכלה שלא להיות מבועתת
"Belle", dit le monstre
"יופי", אמרה המפלצת
"est-ce que tu me permets de manger avec toi ?"
"אתה מרשה לי לאכול איתך ?"
« Fais comme tu veux », répondit Belle en tremblant
"עשה כרצונך", ענתה היופי רועדת
"Non", répondit la bête
"לא", ענתה החיה
"tu es seule la maîtresse ici"
"את לבד היא פילגש כאן"
"tu peux me renvoyer si je suis gênant"
"אתה יכול לשלוח אותי אם אני מטריד"
« renvoyez-moi et je me retirerai immédiatement »
"שלח אותי משם ואני מיד אחזור בו"
« Mais dis-moi, ne me trouves-tu pas très laide ? »
"אבל תגיד לי, אתה לא חושב שאני מאוד מכוער ?"
"C'est vrai", dit Belle
"זה נכון", אמרה יופי
« Je ne peux pas mentir »
"אני לא יכול לשקר"
"mais je crois que tu es de très bonne nature"
"אבל אני מאמין שאתה טוב מאוד"
« Je le suis en effet », dit le monstre

- 22 -

"אני באמת", אמרה המפלצת
« Mais à part ma laideur, je n'ai pas non plus de bon sens »
"אבל חוץ מהכיעור שלי, גם אין לי שכל "
« Je sais très bien que je suis une créature stupide »
"אני יודע טוב מאוד שאני יצור טיפשי "
« Ce n'est pas un signe de folie de penser ainsi », répondit Belle.
"אין זה סימן לאיוולתם לחשוב כך", ענה יופי
« Mange donc, belle », dit le monstre
"אז תאכלי, יופי", אמרה המפלצת
« essaie de t'amuser dans ton palais »
"נסה לשעשע את עצמך בארמון שלך "
"tout ici est à toi"
"הכל כאן שלך "
"et je serais très mal à l'aise si tu n'étais pas heureux"
"ואני אהיה מאוד לא רגוע אם לא היית מאושר "
« Vous êtes très obligeant », répondit Belle
"אתה מאוד מחייב", ענה יופי
« J'avoue que je suis heureux de votre gentillesse »
"אני מודה שאני מרוצה מהאדיבות שלך "
« et quand je considère votre gentillesse, je remarque à peine vos difformités »
"וכשאני מתחשב בטוב לבך, אני בקושי מבחין בעיוותיך "
« Oui, oui, dit la bête, mon cœur est bon.
"כן, כן", אמרה החיה", הלב שלי טוב
"mais même si je suis bon, je suis toujours un monstre"
"אבל למרות שאני טוב, אני עדיין מפלצת "
« Il y a beaucoup d'hommes qui méritent ce nom plus que toi »
"יש הרבה גברים שמגיע להם השם הזה יותר ממך "
"et je te préfère tel que tu es"
"ואני מעדיף אותך בדיוק כפי שאתה "
"et je te préfère à ceux qui cachent un cœur ingrat"

"ואני מעדיף אותך יותר מאשר אלה המסתירים לב כפוי טובה "
"Si seulement j'avais un peu de bon sens", répondit la bête
"לו רק היה לי קצת שכל ",ענתה החיה
"Si j'avais du bon sens, je vous ferais un beau compliment
pour vous remercier"
"אם היה לי הגיון הייתי נותן מחמאה יפה להודות לך "
"mais je suis si ennuyeux"
"אבל אני כל כך משעמם "
« Je peux seulement dire que je vous suis très reconnaissant »

"אני רק יכול לומר שאני מאוד מחויב לך "
Belle a mangé un copieux souper
היופי אכל ארוחת ערב דשנה
et elle avait presque vaincu sa peur du monstre
והיא כמעט כבשה את אימתה מהמפלצת
mais elle a voulu s'évanouir lorsque la bête lui a posé la question suivante
אבל היא רצתה להתעלף כשהחיה שאלה אותה את השאלה הבאה
"Belle, veux-tu être ma femme ?"
"יופי, האם תהיי אשתי ?"
elle a mis du temps avant de pouvoir répondre
לקח לה זמן עד שהספיקה לענות
parce qu'elle avait peur de le mettre en colère
כי היא פחדה לכעוס אותו
Mais finalement elle dit "non, bête"
אבל לבסוף היא אמרה" לא ,בהמה "
immédiatement le pauvre monstre siffla très effroyablement
מיד סיננה המפלצת המסכנה בצורה מפחידה מאוד
et tout le palais résonna
וכל הארמון הדהד
mais Belle se remit bientôt de sa frayeur
אבל היופי התאושש במהרה מפחדה
parce que la bête parla encore d'une voix lugubre
כי חיה דיברה שוב בקול עגום
"Alors adieu, Belle"
"אז להתראות ,יופי "

et il ne se retournait que de temps en temps
והוא רק הסתובב לאחור מדי פעם
de la regarder alors qu'il sortait
להסתכל עליה כשהוא יצא
maintenant Belle était à nouveau seule
עכשיו היופי שוב היה לבד
elle ressentait beaucoup de compassion
היא חשה מידה רבה של חמלה
"Hélas, c'est mille fois dommage"
" אוי ואבוי, זה אלף רחמים"
"tout ce qui est si bon ne devrait pas être si laid"
"כל דבר כל כך טוב לא צריך להיות כל כך מכוער"
Belle a passé trois mois très heureuse dans le palais
היופי בילה שלושה חודשים בסיפוק רב בארמון
chaque soir la bête lui rendait visite
כל ערב ביקרה אותה החיה
et ils ont parlé pendant le dîner
והם דיברו בסעודה
ils ont parlé avec bon sens
הם דיברו בהיגיון בריא
mais ils ne parlaient pas avec ce que les gens appellent de l'esprit
אבל הם לא דיברו עם מה שאנשים מכנים עדות
Belle a toujours découvert un caractère précieux dans la bête
היופי תמיד גילה איזו דמות בעלת ערך בחיה
et elle s'était habituée à sa difformité
והיא התרגלה לעיוות שלו
elle ne redoutait plus le moment de sa visite
היא לא חששה יותר מזמן הביקור שלו
maintenant elle regardait souvent sa montre
כעת היא הסתכלה לעתים קרובות בשעון שלה
et elle ne pouvait pas attendre qu'il soit neuf heures
והיא לא יכלה לחכות שהשעה תהיה תשע
car la bête ne manquait jamais de venir à cette heure-là
כי החיה לא החמיצה לבוא באותה שעה
il n'y avait qu'une seule chose qui concernait Belle
היה רק דבר אחד שנגע ביופי
chaque soir avant d'aller au lit, la bête lui posait la même

question

כל ערב לפני שהיא הלכה לישון, החיה שאלה אותה את אותה שאלה

le monstre lui a demandé si elle voulait être sa femme

המפלצת שאלה אותה אם היא תהיה אשתו

un jour elle lui dit : "bête, tu me mets très mal à l'aise"

יום אחד היא אמרה לו, "בהמה, אתה מדאיג אותי מאוד"

« J'aimerais pouvoir consentir à t'épouser »

"הלוואי שיכולתי להסכים להתחתן איתך"

"mais je suis trop sincère pour te faire croire que je t'épouserais"

"אבל אני כן מכדי לגרום לך להאמין שאתחתן איתך"

"Notre mariage n'aura jamais lieu"

"הנישואים שלנו לעולם לא יקרו"

« Je te verrai toujours comme un ami »

"תמיד אראה אותך כחבר"

"S'il vous plaît, essayez d'être satisfait de cela"

"אנא נסה להיות מרוצה מזה"

« Je dois me contenter de cela », dit la bête

"אני חייב להיות מרוצה מזה," אמרה החיה

« Je connais mon propre malheur »

"אני יודע את המזל שלי"

"mais je t'aime avec la plus tendre affection"

"אבל אני אוהב אותך בחיבה העדינה ביותר"

« Cependant, je devrais me considérer comme heureux »

"עם זאת, אני צריך להחשיב את עצמי כמאושר"

"et je serais heureux que tu restes ici"

"ואני צריך להיות שמח שאתה תישאר כאן"

"promets-moi de ne jamais me quitter"

"תבטיח לי לעולם לא לעזוב אותי"

Belle rougit à ces mots

היופי הסמיק למילים האלה

Un jour, Belle se regardait dans son miroir

יום אחד היופי הסתכלה במראה שלה

son père s'était inquiété à mort pour elle
אביה דאג שהוא חולה בשבילה
elle avait plus que jamais envie de le revoir
היא השתוקקה לראות אותו שוב יותר מתמיד
« Je pourrais te promettre de ne jamais te quitter complètement »
"יכולתי להבטיח לעולם לא לעזוב אותך לגמרי "
"mais j'ai tellement envie de voir mon père"
"אבל יש לי כל כך רצון לראות את אבי "
« Je serais terriblement contrarié si tu disais non »
"אני אהיה מוטרד אם תגיד לא "
« Je préfère mourir moi-même », dit le monstre
"הייתי מעדיפה למות בעצמי ", אמרה המפלצת
« Je préférerais mourir plutôt que de te mettre mal à l'aise »
"אני מעדיף למות מאשר לגרום לך להרגיש אי שקט "
« Je t'enverrai vers ton père »
"אני אשלח אותך לאביך "
"tu resteras avec lui"
"אתה תישאר איתו "
"et cette malheureuse bête mourra de chagrin à la place"
"והחיה האומללה הזו תמות בצער במקום "
« Non », dit Belle en pleurant
"לא ",אמרה יפהפייה ובוכה
"Je t'aime trop pour être la cause de ta mort"
"אני אוהב אותך יותר מדי מכדי להיות הגורם למוות שלך "
"Je te promets de revenir dans une semaine"
"אני נותן לך את ההבטחה שלי לחזור בעוד שבוע "
« Tu m'as montré que mes sœurs sont mariées »
"הראית לי שהאחיות שלי נשואות "
« et mes frères sont partis à l'armée »
"והאחים שלי הלכו לצבא "
« laisse-moi rester une semaine avec mon père, car il est seul »
"תן לי להישאר שבוע עם אבי ,כי הוא לבד "

« Tu seras là demain matin », dit la bête

"אתה תהיה שם מחר בבוקר", אמרה החיה

"mais souviens-toi de ta promesse"

"אבל זכור את ההבטחה שלך "

« Il vous suffit de poser votre bague sur une table avant d'aller vous coucher »

"אתה צריך רק להניח את הטבעת שלך על שולחן לפני שאתה הולך לישון "

"et alors tu seras ramené avant le matin"

"ואז יחזירו אותך לפני הבוקר "

« Adieu chère Belle », soupira la bête

"פרידה יפהפייה יקרה", נאנחה החיה

Belle s'est couchée très triste cette nuit-là

היופי הלך לישון עצוב מאוד באותו לילה

parce qu'elle ne voulait pas voir la bête si inquiète

כי היא לא רצתה לראות את החיה מודאגת כל כך

le lendemain matin, elle se retrouva chez son père

למחרת בבוקר היא מצאה את עצמה בבית אביה

elle a sonné une petite cloche à côté de son lit

היא צלצלה בפעמון קטן ליד מיטתה

et la servante poussa un grand cri

והעוזרת צעקה בקול רם

et son père a couru à l'étage

ואביה רץ למעלה

il pensait qu'il allait mourir de joie

הוא חשב שהוא עומד למות משמחה

il l'a tenue dans ses bras pendant un quart d'heure

הוא החזיק אותה בזרועותיו במשך רבע שעה

Finalement, les premières salutations étaient terminées

בסופו של דבר הסתיימו הברכות הראשונות

Belle a commencé à penser à sortir du lit

היופי התחיל לחשוב על לקום מהמיטה

mais elle s'est rendu compte qu'elle n'avait apporté aucun vêtement

אבל היא הבינה שהיא לא הביאה בגדים

mais la servante lui a dit qu'elle avait trouvé une boîte

אבל המשרתת אמרה לה שמצאה קופסה

le grand coffre était plein de robes et de robes
תא המטען הגדול היה מלא בשמלות ושמלות
chaque robe était couverte d'or et de diamants
כל שמלה הייתה מכוסה בזהב ויהלומים
La Belle a remercié la Bête pour ses bons soins
היופי הודה לחיות על הטיפול האדיב שלו
et elle a pris l'une des robes les plus simples
והיא לקחה את אחת השמלות הפשוטות ביותר
elle avait l'intention de donner les autres robes à ses sœurs
היא התכוונה לתת את השמלות האחרות לאחיותיה
mais à cette pensée le coffre de vêtements disparut
אבל באותו מחשבה נעלמה שידת הבגדים
la bête avait insisté sur le fait que les vêtements étaient pour elle seulement
החיה התעקשה שהבגדים מיועדים לה בלבד
son père lui a dit que c'était le cas
אביה אמר לה שזה המצב
et aussitôt le coffre de vêtements est revenu
ומיד חזר שוב תא הבגדים
Belle s'est habillée avec ses nouveaux vêtements
היפהפייה התלבשה בבגדיה החדשים
et pendant ce temps les servantes allèrent chercher ses sœurs
ובינתיים הלכו משרתות למצוא את אחיותיה
ses deux sœurs étaient avec leurs maris
שתי אחותה היו עם בעליהם
mais ses deux sœurs étaient très malheureuses
אבל שתי אחיותיה היו מאוד אומללות
sa sœur aînée avait épousé un très beau gentleman
אחותה הבכורה התחתנה עם ג'נטלמן נאה מאוד
mais il était tellement amoureux de lui-même qu'il négligeait sa femme
אבל הוא כל כך אהב את עצמו שהוא הזניח את אשתו
sa deuxième sœur avait épousé un homme spirituel
אחותה השנייה התחתנה עם גבר שנון
mais il a utilisé son esprit pour tourmenter les gens
אבל הוא השתמש בעדינותו כדי לייסר אנשים
et il tourmentait surtout sa femme
והוא ייסר את אשתו יותר מכל

Les sœurs de Belle l'ont vue habillée comme une princesse
האחיות של היופי ראו אותה לבושה כמו נסיכה
et ils furent écœurés d'envie
והם חלו בקנאה
maintenant elle était plus belle que jamais
עכשיו היא הייתה יפה מתמיד
son comportement affectueux n'a pas pu étouffer leur jalousie
התנהגותה החיבה לא יכלה לחנוק את קנאתם
elle leur a dit combien elle était heureuse avec la bête
היא סיפרה להם כמה היא שמחה עם החיה
et leur jalousie était prête à éclater
וקנאתם הייתה מוכנה להתפוצץ
Ils descendirent dans le jardin pour pleurer leur malheur
הם ירדו לגן לבכות על המזל שלהם
« En quoi cette petite créature est-elle meilleure que nous ? »
"באיזה אופן היצור הקטן הזה טוב מאיתנו ?"
« Pourquoi devrait-elle être tellement plus heureuse ? »
"למה היא צריכה להיות כל כך הרבה יותר שמחה ?"
« Sœur », dit la sœur aînée
"אחותי ",אמרה האחות הגדולה
"une pensée vient de me traverser l'esprit"
"מחשבה בדיוק עלתה במוחי "
« Essayons de la garder ici plus d'une semaine »
"בוא ננסה להשאיר אותה כאן יותר משבוע "
"Peut-être que cela fera enrager ce monstre idiot"
"אולי זה יכעיס את המפלצת המטופשת "
« parce qu'elle aurait manqué à sa parole »
"כי היא הייתה שוברת את המילה שלה "
"et alors il pourrait la dévorer"
"ואז הוא עלול לטרוף אותה "
"C'est une excellente idée", répondit l'autre sœur
"זה רעיון מצוין ",ענתה האחות השנייה
« Nous devons lui montrer autant de gentillesse que possible »

"אנחנו חייבים להראות לה כמה שיותר טוב לב "
les sœurs en ont fait leur résolution

האחיות החליטו על כך
et ils se sont comportés très affectueusement envers leur sœur

והם התנהגו בחיבה רבה לאחותם
pauvre Belle pleurait de joie à cause de toute leur gentillesse

היופי המסכן בכה משמחה מכל טוב לבם
quand la semaine fut expirée, ils pleurèrent et s'arrachèrent les cheveux

כשהשבוע תם, הם בכו וקרעו את שיערם
ils semblaient si désolés de se séparer d'elle

הם נראו כל כך מצטערים להיפרד ממנה
et Belle a promis de rester une semaine de plus

והיופי הבטיח להישאר שבוע יותר
Pendant ce temps, Belle ne pouvait s'empêcher de réfléchir sur elle-même

בינתיים, היופי לא יכלה שלא להרהר בעצמה
elle s'inquiétait de ce qu'elle faisait à la pauvre bête

היא דאגה מה היא עושה לחיה המסכנה
elle sait qu'elle l'aimait sincèrement

היא יודעת שהיא אהבה אותו בכנות
et elle avait vraiment envie de le revoir

והיא באמת השתוקקה לראות אותו שוב
la dixième nuit qu'elle a passée chez son père aussi

גם את הלילה העשירי שהיא בילתה אצל אביה
elle a rêvé qu'elle était dans le jardin du palais

היא חלמה שהיא בגן הארמון
et elle rêva qu'elle voyait la bête étendue sur l'herbe

והיא חלמה שראתה את החיה מורחבת על הדשא
il semblait lui faire des reproches d'une voix mourante

הוא כאילו נזף בה בקול גוסס
et il l'accusa d'ingratitude

והוא האשים אותה בחוסר תודה
Belle s'est réveillée de son sommeil

היופי התעוררה משנתה
et elle a fondu en larmes

והיא פרצה בבכי

« Ne suis-je pas très méchant ? »

"האם אני לא מאוד רשע ?"

« N'était-ce pas cruel de ma part d'agir si méchamment envers la bête ? »

"האם זה לא היה אכזרי מצידי להתנהג בצורה כל כך לא טובה כלפי החיה ?"

"la bête a tout fait pour me faire plaisir"

"בהמה עשתה הכל כדי לרצות אותי "

« Est-ce sa faute s'il est si laid ? »

"האם זו אשמתו שהוא כל כך מכוער ?"

« Est-ce sa faute s'il a si peu d'esprit ? »

"האם זו אשמתו שיש לו כל כך מעט שנינות ?"

« Il est gentil et bon, et cela suffit »

"הוא אדיב וטוב, וזה מספיק "

« Pourquoi ai-je refusé de l'épouser ? »

"למה סירבתי להתחתן איתו ?"

« Je devrais être heureux avec le monstre »

"אני צריך להיות שמח עם המפלצת "

« regarde les maris de mes sœurs »

"תסתכל על הבעלים של האחיות שלי "

« Ni l'esprit, ni la beauté ne les rendent bons »

"לא עדות, ולא ישות נאה עושה אותם טובים "

« aucun de leurs maris ne les rend heureuses »

"אף אחד מהבעלים שלהם לא משמח אותם "

« mais la vertu, la douceur de caractère et la patience »

"אבל סגולה, מתיקות מזג וסבלנות "

"ces choses rendent une femme heureuse"

"הדברים האלה עושים אישה מאושרת "

"et la bête a toutes ces qualités précieuses"

"ולחיה יש את כל התכונות החשובות האלה "

"c'est vrai, je ne ressens pas de tendresse et d'affection pour lui"

"זה נכון ;אני לא מרגיש את העדינות של החיבה אליו "

"mais je trouve que j'éprouve la plus grande gratitude envers lui"

"אבל אני מוצא שיש לי את הכרת הטוב הגבוהה ביותר עבורו"

"et j'ai la plus haute estime pour lui"

"ואני מעריך אותו הכי גבוה"

"et il est mon meilleur ami"

"והוא החבר הכי טוב שלי"

« Je ne le rendrai pas malheureux »

"אני לא אעשה אותו אומלל"

« Si j'étais si ingrat, je ne me le pardonnerais jamais »

"אם הייתי כל כך כפוי טובה, לעולם לא הייתי סולח לעצמי"

Belle a posé sa bague sur la table

היופי הניחה את הטבעת שלה על השולחן

et elle est retournée au lit

והיא שוב הלכה לישון

à peine était-elle au lit qu'elle s'endormit

מעט היא הייתה במיטה לפני שנרדמה

elle s'est réveillée à nouveau le lendemain matin

היא התעוררה שוב למחרת בבוקר

et elle était ravie de se retrouver dans le palais de la bête

והיא שמחה מאוד למצוא את עצמה בארמון החיה

elle a mis une de ses plus belles robes pour lui faire plaisir

היא לבשה את אחת השמלות הכי יפות שלה כדי לרצות אותו

et elle attendait patiemment le soir

והיא חיכתה בסבלנות לערב

enfin l' heure tant souhaitée est arrivée

הגיעה השעה המיוחלת

L'horloge a sonné neuf heures, mais aucune bête n'est apparue

השעון צלצל בתשע, ובכל זאת שום חיה לא הופיעה

La belle craignit alors d'avoir été la cause de sa mort

היופי חשש אז שהיא הייתה הסיבה למותו

elle a couru en pleurant dans tout le palais

היא רצה בוכה מסביב לארמון

après l'avoir cherché partout, elle se souvint de son rêve

לאחר שחיפשה אותו בכל מקום, היא נזכרה בחלומה

et elle a couru vers le canal dans le jardin
והיא רצה אל התעלה שבגן
là elle a trouvé la pauvre bête étendue
שם היא מצאה חיה מסכנה פרושה
et elle était sûre de l'avoir tué
והיא הייתה בטוחה שהיא הרגה אותו
elle se jeta sur lui sans aucune crainte
היא השליכה את עצמה עליו ללא כל פחד
son cœur battait encore
הלב שלו עדיין הלם
elle est allée chercher de l'eau au canal
היא הביאה מעט מים מהתעלה
et elle versa l'eau sur sa tête
והיא שפכה את המים על ראשו
la bête ouvrit les yeux et parla à Belle
החיה פקחה את עיניו ודיברה אל היופי
« Tu as oublié ta promesse »
"שכחת את ההבטחה שלך "
« J'étais tellement navrée de t'avoir perdu »
"כל כך נשבר לי הלב שאיבדתי אותך "
« J'ai décidé de me laisser mourir de faim »
"החלטתי להרעיב את עצמי "
"mais j'ai le bonheur de te revoir une fois de plus"
"אבל יש לי את האושר לראות אותך פעם נוספת "
"j'ai donc le plaisir de mourir satisfait"
"אז יש לי את העונג למות מרוצה "
« Non, chère bête », dit Belle, « tu ne dois pas mourir »
"לא ,חיה יקרה ",אמרה יפהפיה", אסור לך למות "
« Vis pour être mon mari »
"חי להיות בעלי "
"à partir de maintenant je te donne ma main"
"מהרגע הזה אני נותן לך את ידי "
"et je jure de n'être que le tien"
"ואני נשבע שלא אהיה מלבדך "
« Hélas ! Je pensais n'avoir que de l'amitié pour toi »

"אוי ואבוי! חשבתי שיש לי רק ידידות בשבילך"
« mais la douleur que je ressens maintenant m'en convainc »
;

"אבל הצער שאני חש כעת משכנע אותי";
"Je ne peux pas vivre sans toi"

"אני לא יכול לחיות בלעדיך"
Belle avait à peine prononcé ces mots lorsqu'elle vit une lumière

יופי כמעט לא אמרה את המילים האלה כשראתה אור
le palais scintillait de lumière

הארמון נוצץ באור
des feux d'artifice ont illuminé le ciel

זיקוקים האירו את השמים
et l'air rempli de musique

והאוויר התמלא במוזיקה
tout annonçait un grand événement

הכל הודיע על איזה אירוע גדול
mais rien ne pouvait retenir son attention

אבל שום דבר לא הצליח לעצור את תשומת לבה
elle s'est tournée vers sa chère bête

היא פנתה אל החיה היקרה שלה
la bête pour laquelle elle tremblait de peur

החיה שבשבילה רעדה מפחד
mais sa surprise fut grande face à ce qu'elle vit !

אבל ההפתעה שלה הייתה גדולה ממה שהיא ראתה !
la bête avait disparu

החיה נעלמה
Au lieu de cela, elle a vu le plus beau prince

במקום זאת היא ראתה את הנסיך היפה ביותר
elle avait mis fin au sort

היא שמה קץ ללחש
un sort sous lequel il ressemblait à une bête

כישוף שבו הוא דומה לבהמה
ce prince était digne de toute son attention

הנסיך הזה היה ראוי לכל תשומת לבה
mais elle ne pouvait s'empêcher de demander où était la bête

אבל היא לא יכלה שלא לשאול איפה החיה

- 35 -

« Vous le voyez à vos pieds », dit le prince
"אתה רואה אותו לרגליך", אמר הנסיך"
« Une méchante fée m'avait condamné »
"פיה מרושעת גינתה אותי"
« Je devais rester dans cette forme jusqu'à ce qu'une belle princesse accepte de m'épouser »
"הייתי צריך להישאר במצב הזה עד שנסיכה יפה הסכימה להתחתן איתי"
"la fée a caché ma compréhension"
"הפיה הסתירה את ההבנה שלי"
« tu étais le seul assez généreux pour être charmé par la bonté de mon caractère »
"היית היחיד הנדיב מספיק כדי להיות מוקסם מטוב המזג שלי"
Belle était agréablement surprise
היופי הופתע בשמחה
et elle donna sa main au charmant prince
והיא נתנה לנסיך המקסים את ידה
ils sont allés ensemble au château
הם נכנסו יחד לטירה
et Belle fut ravie de retrouver son père au château
והיופי שמח מאוד למצוא את אביה בטירה
et toute sa famille était là aussi
וכל המשפחה שלה גם הייתה שם
même la belle dame qui lui était apparue dans son rêve était là
אפילו הגברת היפה שהופיעה בחלומה הייתה שם
"Belle", dit la dame du rêve
"יופי", אמרה הגברת מהחלום"
« viens et reçois ta récompense »
"בוא וקבל את הפרס שלך"
« Vous avez préféré la vertu à l'esprit ou à l'apparence »
"העדפת מעלה על שנינות או מראה"
"et tu mérites quelqu'un chez qui ces qualités sont réunies"
"ומגיע לך מישהו שהתכונות הללו מאוחדות בו"
"tu vas être une grande reine"

"את הולכת להיות מלכה גדולה"
« J'espère que le trône ne diminuera pas votre vertu »
"אני מקווה שהכס לא יפחית את מעלתך"
puis la fée se tourna vers les deux sœurs
ואז פנתה הפיה לשתי האחיות
« J'ai vu à l'intérieur de vos cœurs »
"ראיתי בתוך לבבך"
"et je connais toute la méchanceté que contiennent vos cœurs"
"ואני יודע את כל הזדון שהלב שלך מכיל"
« Vous deux deviendrez des statues »
"שניכם תהפכו לפסלים"
"mais vous garderez votre esprit"
"אבל אתה תשמור על דעתך"
« Tu te tiendras aux portes du palais de ta sœur »
"תעמוד בשערי ארמון אחותך"
"Le bonheur de ta sœur sera ta punition"
"האושר של אחותך יהיה העונש שלך"
« vous ne pourrez pas revenir à vos anciens états »
"לא תוכל לחזור למדינותיך לשעבר"
« à moins que vous n'admettiez tous les deux vos fautes »
"אלא אם כן, שניכם מודים בטעויותיכם"
"mais je prévois que vous resterez toujours des statues"
"אבל אני צופה שתמיד תישארו פסלים"
« L'orgueil, la colère, la gourmandise et l'oisiveté sont parfois vaincus »
"גאווה, כעס, גרגרנות ובטלה נכבשים לפעמים"
" mais la conversion des esprits envieux et malveillants sont des miracles "
"אבל ההמרה של מוחות קנאים וזדוניים הם ניסים"
immédiatement la fée donna un coup de baguette
מיד הפיה נתנה שבץ עם השרביט שלה
et en un instant tous ceux qui étaient dans la salle furent transportés

ותוך רגע הועברו כל שהיו באולם
ils étaient entrés dans les domaines du prince
הם נכנסו למחוזותיו של הנסיך
les sujets du prince l'ont reçu avec joie
נתיניו של הנסיך קיבלו אותו בשמחה
le prêtre a épousé Belle et la bête
הכומר התחתן עם היפה והחיה
et il a vécu avec elle de nombreuses années
והוא חי איתה שנים רבות
et leur bonheur était complet
ואושרם היה שלם
parce que leur bonheur était fondé sur la vertu
כי האושר שלהם הושתת על סגולה

La fin
הסוף

www.tranzlaty.com

www.ingramcontent.com/pod-product-compliance
Lightning Source LLC
Chambersburg PA
CBHW011557070526
44585CB00023B/2637
* 9 7 8 1 8 0 5 7 2 0 4 5 4 *